MAITRE
Janus Tourne-Broche
Saint-Paulois

—

PAR M. EUGÈNE BRUNET

PRIX 50 CENTIMES

———

SAINT-DENIS, (Ile de la Réunion)

1885

np. P.V. Grenier rue la Boulangerie

MAITRE

JANUS TOURNE-BROCHE

Saint-Paulois

———

AUX ABONNES et aux lecteurs du Petit Saint-Paulois, grotesque et comique métamorphose, bouffonne et charivarique transfiguration du très-indépendant et du très-impartial Directeur-Gérant du journal le Petit St-Paulois en chien couchant, rampant comme un reptile et dégoûtant comme lui, aux pieds du petit Maire de Saint-Louis.

———

PAR M. Eugène BRUNET

PRIX 50 CENTIMES

SAINT-DENIS, (Ile de la Réunion)

1885

Imp. P. V. GRENIER rue la Boulangerie.

MAITRE

Janus Tourne-Broche

Saint-Paulois

Aux abonnés et aux lecteurs du *Petit Saint-Paulois*, grotesque et comique métamorphose, bouffonne et charivarique transfiguration du très *indépendant* et du très *impartial* Directeur-Gérant du journal le *Petit Saint-Paulois* en *chien couchant*, rampant comme un reptile et dégoûtant comme lui, aux pieds du petit Maire de Saint-Louis.

Il n'est bruit à St-Louis, depuis le glorieux passage de *l'incorruptible* Directeur du *Petit St-Paulois*, dans cette bonne ville, que d'un fait inouï qui révolte le public entier, qui bouleverse et révolutionne toutes les questions de délicatesse élémentaire, toutes les choses de tact et de convenance, qui soulève tous les cœurs

de dégoût et les porte sur les lèvres
des grands et des petits, qui couvre,
grâce à Dieu, d'un extrême mépris
d'une suprème honte son triste au-
teur dont la servilité et la couardise
indignent et exaspèrent tous les citoyens de toutes les opinions politi-
ques, de toutes les classes, de toutes les nuances, trompés jusqu'à ce
jour par ses fausses allures de bon
démocrate, d'ami du peuple, *d'incorruptible* défenseur à tous crins de
l'opprimé. J'ai le devoir en ma qualité
de d'ex-collaborateur de ce journal,
parce que j'ai été visé par son grotesque gérant dans ses délations à
huis clos, de le démasquer, de li-
vrer à la publicité, me trouvant en
cas de légitime défense, ses perfides
exploits, ses immondes trahisons. Je
juge bon, pour la plus grande édi-
fication des citoyens sensés et vrai-
ment indépendants, d'attacher au
pilori de l'opinion publique ce sal-
timbanque, pour qu'à l'avenir person-
ne ne soit dupe, de ses menteuses
protestations de dévouement constant
et désintéressé, — dévoré d'une vul-

gaire ambition, où va-t-elle se nicher
grand Dieu ! souple disciple d'esco
bar, il a rompu en apparence d
moins, avec ses habitudes enracinée
il a jeté un masque trompeur su
sa face patibulaire ; ainsi accoutr
en enfant d'Arlequin, il s'est lanc
dans la noble carrière du journalism
ayant à la bouche ces mots « Droi
et Justice » qui réveillent toujour
un sympathique écho dans les mas
ses souffrantes, il a ainsi tromp
traitreusement tous ceux qui on
cru, sur la foi des aveux et de
traités, à son indépendance et
son impartialité qui ne sont qu'u
ne monstrueuse imposture. Il brû
le aujourd'hui sans honte et san
vergogne sur les autels du veau d'o
la divinité à laquelle il offrait hie
encore un sacrilège encens, il tour
ne le dos à l'indépendance et à l'im
partialité qu'il ne cesse d'invoque
à tout propos, pour adorer, à deu
genoux les fausses et séduisantes ido
les du nouveau culte que lui ont im
posé ses seigneurs et maîtres don
il porte le joug doré mais toujour

honteux, il nous donne la juste mesure de sa vénalité, il a le toupet de jouer un jeu double afin de recueillir un double profit, non non; je vous crierai sur tous les toits, cocasse Janus, à bas ce masque menteur. Oui vous avez été libre un moment, mais dominé par la force de l'habitude, vous avez vite rebondi en plein esclavage vous avez endossé la livrée du valet à gages ne parlez donc plus de liberté, vous profanez ce mot sublime, votre journal hermaphrodite a deux poids et deux mesures et vous, songérant, vous faussez la vérité avec une cynique audace ; vous jouez une comédie ignoble, piètre acteur qui ne ferait pas bonne figure même dans les théâtres forains, ouverts au soleil, au vent et à la pluie. mais je laisse parler les faits, ils se passent de commentaires. ils prouvent votre apostasie avec une éloquence triomphante.

L'an dernier, un de mes amis m'annonce l'apparition d'un petit journal à Saint-Paul, il me vante la fière et énergique indépendance de quelques articles de Scheineder ; il n'est que le collaborateur de ce journal lui dis-je, mais quel homme est son Directeur-propriétaire ? pour me servir de son expression pittoresque c'est un fiston, me répond-il, qui ne trahira pas la giberne. Hélas ! depuis longtemps Scheineder s'est retiré du *Petit Saint-Paulois* et mon ami a changé de manière de voir sur le compte de son Directeur ; mais fatigué froissé, dans mes sentiments d'indépendance, des abus sans nombre qui accablent notre population laborieuse, j'adrsese le 23 septembre 1884 un article assez énergique au Directeur du *Petit Saint-Paulois* qui le publie avec empressement et m'écrit à cette occasion une lettre de chaleureux remerciments ; je lui fais parvenir d'autres articles, ceux entr'autres qui ont flétri comme ils méritent de l'être, à notre sens, les agissements du petit maire de St-Louis il s'en montre enchanté et me prie et me supplie de ne point abandonner son journal ; mais je ne puis mieux faire que de reproduire textuellement quelques passages de ses lettres di

23 novembre 1884 et du 4 janvier 1885 ; je n'avais pas encore à ce moment vu la binette hétéroclite de M° Janus Tourne-Broche, je copie « . . . . . ., pour vous témoigner de vive voix le bonheur que j'éprouve de trouver au sein de tant d'apathie, d'indifférence et de faiblesse coupable un homme de votre valeur tant comme écrivain que comme *zélé défenseur du pauvre, du faible et de l'opprimé*...... à celui du pauvre *Petit St-Paulois* qui vous prie, au nom de la justice et de l'humanité entière, de lui continuer le concours que vous lui avez si obligeamment accordé........ Je dois vous dire sans emphase, votre collaboration m'a été très précieuse et *j'ose espérer* que vous voudrez bien me la continuer. » nunc erudimini gentes. Je prie le lecteur impartial de prendre acte de ces déclarations catégoriques et c'est moi de concert avec d'honorables amis, qui ai *induit en erreur qui ai trompé* M° Janus Tourne-Broche, c'est simplement monstrueux. Je me suis

rendu à ses pressantes sollicitations avec l'espoir de brider certains fonctionnaires blancs, gris, rouges ou noirs dans leurs actes indécents et révoltants de favoritisme, de népotisme et de despotisme, certains prestidigitateurs d'une insigne adresse, dont tout le talent consiste à jeter de la poudre aux yeux du pauvre peuple trop crédule, trop confiant et qui, sans cesse, par des procédés inavouables et avec l'aide d'adroits compères qui pourraient bien rester un jour ou l'autre pris à travers les mailles du code pénal font tomber dans leurs poches, dans celles de leurs tenants et aboutissants les fonds des autres, détournés, par des artifices d'optiques de leur véritable destination.

Dans le mois de janvier de l'année courante, j'ai vu pour la première fois à St-Paul, Me Janus Tourne-Broche qui de vive voix me réitera ce qu'il m'avait écrit l'année dernière ; à un second voyage à St-Paul à trois mois d'intervalle, je me suis plaint avec raison d'une rognure faite à un

de mes derniers articles, il s'agis-
sait des actes d'un personnage intan-
gible ; au cours de la conversation il
m'a été facile de comprendre que le
Petit St-Paulois sous l'empulsion né-
faste de son Directeur est avant tout
une feuille de couleur et de caste, alors,
sans hésitation je me suis retiré de
sa rédaction, malheureux de lui avoir
un moment prêté ma *très-précieuse*
collaboration. s'il faut en croire son
gérant j'en ai été bien recompensé
car je ne comprends pas l'indépendance et l'impartialité comme lui ; la
première partie de ma lettre à l'In-
discret le prouve d'une façon pé-
remptoire, la suite de l'article est encore introuvable, elle a été emportée
par les brises variables du *Petit St-
Paulois.*

Il y a un mois environ comme ci-
toyen français m'adressant à un journal, qui ne parle à tort et à travers,
à tout bout de champ que de son indépendance et de son impartialité, hél-
las ! je lui faisais parvenir une réponse
énergique, je l'avoue à la fameuse proclamation de M. le Gouverneur de man-

dant encore un bataillon de vo'ontaires créoles, il a refusé de la publier, (j'espère la faire paraître bientôt sous forme de brochure) d'abord par déférence pour M. le Gouverneur qui avait sollicité et obtenu le coupable mutisme de la presse coloniale dans une question d'intérêt général et d'humanité et ensuite et surtout par crainte des influences que Monsieur le Gouverneur mécontent en cas de publication de cette réponse à sa proclamation, ne manquerait pas d'exercer sur la magistrature coloniale au moment du procès pendant entre le *Petit Saint-Paulois* et l'*Enfant Terrible*. (sic) Ah ! maître Janus Tourne-Broche, vous jugez nos intègres magistrats à votre aune ; votre soupçon n'est qu'une injure gratuite à la magistrature coloniale, qui sait rendre des arrêts et non des services ; mais cette injure partie de vous, vient expirer ignominieusement à ses pieds, et retombe sur vous en honte éternelle. De ce jour je brisais définitivement avec cette *Feuille-Caméléon* mais en galant homme, toujours fidèle à m·

habitudes de politesse et de savoir vivre, je me retirais sans mot dire du modus faciendi de Maître Janus Tourne Broche et à coup sûr les choses en seraient restées là, mais ces jours derniers Maître Janus Tourne-Broche pour complaire à son nouveau maitre et seigneur se rend de St-Pierre à Saint-Louis demande audience au petit maire de ce canton inaliénable qui le traite du haut de sa grandeur. Maître Janus Tourne Broche lui fait amende honorable ses soumissions respectueuses, consomme son applatissement et ose lui jurer sur tous les évangiles (lecteurs souvenez vous des termes de ses lettres du 23 Novembre 1884 et 4 janvier 1885) qu'il n'a publié depuis le temps des articles contre les actes de son administration que parce qu'il avait été *induit en erreur trompé*. Par qui s'il vous plait? Je ne voudrais pas vous dire que vous avez menti. Maître Janus Tourne-Broche, mais qui pensez-vous tromper à votre tour? Sur qui comptez-vous faire tomber la bave de vos

Insultes, de vos diffamations et de vos calomnies ? Ah ! mon Dieu, a-t-on jamais vu un mortel, quelque puissant qu'il soit. retirer, d'un sac à charbons. la fine fleur de farine pure et blanche comme la neige qui couronne le sommet de nos monts élevés. Non, non, jamais !

Tels sont les faits authentiques dans toute leur vérité et leur nudité repoussante ! aux collaborateurs et aux correspondants du *Petit St-Paulois* d'en tirer telles conclusions forcées que de droit, de mesurer la large part d'infamie qui revient comme de juste, à Maître Janus Tourne-Broche qui a le front d'écrire dans son journal où il veut jouer la triste parodie de Toussaint la « Sépulture » qu'il *ne se rend pas au plus offrant et dernier enchérisseur.* Taisez-vous, imposteur, jusques à quant abuserez vous de la crédulité publique, votre comédie est jouée, vous ne vous vendez pas !! Le public ici sait pourquoi vous ne vous vendez pas il n'y a qu'à le demander à vos nouveaux maitres, vous ne vous vendez pas, et c'est ce qui fait votre force ! quelle impudence ! Dites cela de vos collaborateurs et de vos correspondants, je serai d'accord avec vous, mais vous. vous ne vous vendez pas !! Ah ! Maître Janus Tourne-Broche il ne vous coûte rien de mentir avec une audace, qui passe les bornes de la plaisanterie et de la décence ! Vous croyez-vous chez les Sakalaves ou chez les Iolofs ?

Quant à moi, comme ex-collaborateur du *Petit St-Paulois*, par surprise et par erreur, je répudie toute sale promiscuité avec M° Janus Tourne-Broche, je lui crache tout mon mépris à la figure pour ses mensonges, es calomnies, et ses diffamations, comme homme je sais ce qu'il me reste à faire en présence de tant de cynisme et d'ignominie, à qui ce sauteur de corde, fera-t-il accroire qu'il a été induit en erreur, trompépar les honorables habitants des Avirons et par moi qui avons publié de nombreux articles dont nous sommes fiers dans son journal, que nous pensions être en réalité l'organe pur de la saine démocratie, tandis qu'il n'est à tout prendre qu'une *Feuille-Caméléon* qui doit porter son fantastique gérant, tel est du moins son rêve creux, aux plus hautes destinées ; la grenouille de la fable n'avait-elle pas la sotte et dangereuse prétention d'atteindre les proportions du bœuf : elle a été punie par où elle avait péché, Mᵉ Janus Tourne-Broche menace de nous offrir prochainement une seconde édition de la grenouille avec laquelle il a physiquement du reste certaine ressemblance frappante. Qu'il reste dans son bourbier, mais qu'il ne cherche pas à en jeter la boue sur des personnes, qui sont descendues jusqu'à lui, par amour vrai du peuple et par dévouement désintéressé à des intérêts, qu'elles placent au-dessus de toute considération humaine.

E. BRUNET.

Maître Janus Tourne-Broche Saint-Paulois : aux abonnés et aux lecteurs du Petit Saint-Paulois, grotesque et comique métamorphose, bouffonne et charivarique transfiguration du très-indépendant et du très-impartial directeur-gérant du... Petit Saint-Paulois en chien couchant... / par M. Eugène Brunet